Zen - Klettern

Daniel Panchyrz

Zen

-

Klettern

Köln 2006

© 2006 – Daniel Panchyrz

Umschlaggestaltung: Alexander Bürger, Köln

Herstellung und Verlag:

Books on Demand GmbH, Norderstedt.

Printed in Germany

ISBN 10: 3-8334-6615-4

ISBN 13: 978-3-8334-6615-1

Inhalt

Kletterfallen, mentale Griffausbrüche und Trittabrutscher

Der schwarze Gürtel

Literaturempfehlungen

Was ist Klettern? Und was ist Zen?

Klettern ist noch recht einfach zu beschreiben. Es ist das Sich fortbewegen gegen die Erdanziehungskraft auf eher senkrechtem Gelände. Dies sagt aber nichts darüber, was da wirklich passiert. Neben Aspekten wie Kraft, Bewegung und dem Körper, der klettert, gibt es noch die Psyche und all die Gefühle dabei. Und genau darum soll es hier gehen - mehr als um bestimmte kognitiv abstrahierte Bewegungsmuster (Klettertechik). Eine Art mentales Training, wie jeder Mensch die Lust am Klettern ewig behält und einfach besser wird, weil wir hier sind, um uns zu entwickeln.

Zen ist genauso einfach zu beschreiben als Weg. Ein Weg, weg von im Kopf leben und den Körper gebrauchen, hin zu im Körper leben (und Klettern) und den Kopf gebrauchen. Oder, wie viele Zenbücher es beschreiben, wirklich nur das tun, was man gerade tut. Was liegt da näher, als das Klettern mit dem Zen zu verbinden, damit die Gedankenmaschine mehr und mehr entmachtet wird, und wir sie zu dem machen, was sie eigentlich ist: ein praktisches Werkzeug, das uns hilft, uns zu entwickeln.

Wem diese kurze Einführung nichts sagt, der sei genauso willkommen wie der, der darin schon eine der schwersten Aufgaben unseres Menschenlebens erkennt. Es geht ums Klettern und wenn dich das interessiert, lies weiter! Viel Spaß dabei.

Das Zenkletterdojo

Wenn du Spaß an Bewegung und dem Spiel mit der Schwerkraft hast und auf dem Weg bist (Do : Weg; Dojo Ort des Weges) , dann bist du hier richtig. Es spielt keine Rolle, ob du schon 5er, 7er oder 10er klettern kannst oder ob du dich zum ersten Mal an Fels ausprobiert hast. Auch die Spielart, ob du lieber boulderst, sportkletterst oder Berge besteigst, ist nebensächlich. Es geht um dich. Es geht darum, wie du dich unter den von Mutter Erde vorgegebenen Bedingungen der Schwerkraft zum Trotz auf ein Ziel hinbewegst. Ein Ziel, mit dem man nicht wirklich etwas erreichen kann, das jedoch durch seinen Weg Wachstum beinhalten kann.

Wenn du Kinder beobachten kannst, dann wirst du entdecken, dass das Spiel mit der Schwerkraft eine spannende Sache ist. Auf jedem Spielplatz, in jedem Kindergarten oder wo auch immer sich die Gelegenheit bietet, werden Hügel erklommen oder wieder hinuntergepurzelt. Auch das Lernen des aufrechten Ganges ist eine Art der Auseinandersetzung mit der Schwerkraft. Das Klettern ist für mich die Weiterentwicklung dieses Weges. Es ist für mich eine Art Königsdisziplin, sich mit der Schwerkraft und seinem Körper und Geist auseinander zu setzen.

Das Klettern scheint unser Grundbewegungsbedürfnis zu befriedigen, wenn nicht so passive Konsumformen wie Fernsehen, Computerspiele usw. unser Grundbedürfnis nach Bewegung überdeckt haben. In diesem Dojo soll es darum gehen, die Lust an der Bewegung wieder zu entdecken.

Ein Dojo im klassischen Sinn ist der Trainingsraum. Bei Kampfsport ist es meist eine Turnhalle. In unserem Fall kann das eine Kletterhalle sein, ein Fels oder auch eine Mauer oder Brücke. Entscheidend ist, dass du den Ort, an dem du kletterst, zu einem Dojo machst. Wenn du zu den Menschen gehörst, die sich ihre Bewegungen am Fels gut einprägen und sie erinnern können, dann kann sogar dein Bett ein Dojo werden. Mir ist dort schon manches Mal eine Bewegungsidee für ein bis dahin ungelöstes Boulderproblem gekommen. Daher ist es eher eine Entscheidung im Kopf, ob die Welt ein Dojo für dich ist oder ob du gerade mit anderen Dingen beschäftigt bist.

Es geht nicht darum, bestimmte Griffe zu ziehen oder am Kampusboard (ein aus übereinander angeschraubten, mehr oder weniger kleinen Leisten gezimmertes Trainingsgerät) zu hangeln, um noch besser ziehen zu können. Es geht beim Zenklettern vielmehr darum, deinen Körper, deine Bewegung und das zu Erkletternde in Einklang zu bringen. Eben klettern pur ohne irgendetwas, das dich davon abhält, die optimale Begehung zu machen. Es geht darum, das Eine (Klettern) ganz zu tun.

Da wir alle unterschiedlich sind, geht es nicht darum, irgendwelche Topkletterer nachzuahmen oder zu imitieren, sondern deinen eigenen Ideen und Bewegungen zu folgen.

Das ist, wie jeder andere Zen Weg, ein Weg des Übens und der Kontemplation. Körper, Gedächtnis (hier vor allem das motorische Gedächtnis) und Psyche werden dabei gleichermaßen beansprucht und geschult. Dabei ist es gut, wenn du die Idee, dass ein Zengeist ein Anfängergeist ist, beherzigst. Unabhängig von deinem Wissen über Klettertechnik, Muskelaufbautraining und was es sonst noch zu wissen gibt, steigst du wie jeder Zenschüler erst einmal mit dem weißen Gürtel ein. Vielleicht mag dir das eine oder andere von deinem Wissen oder Können helfen, schneller voranzukommen, vielleicht wird es aber auch zum Stolperstein, weil es dich daran hindert, einfach zu klettern. Es geht ja nicht darum, zu wissen, wie man eine bestimmte Stelle klettern könnte, sondern darum, es aus dem Herzen heraus zu tun, oder anders ausgedrückt, dass alle Aspekte von dir als Einheit zusammenarbeiten und die Kletterbewegungen optimal ausführen. Daher ist Zenklettern genauso etwas für Anfänger wie für Fortgeschrittene.

Bei normalen Zenaktivitäten, wie einem Sessin (gemeinsames meditatives Sitzen und Gehen mit der Möglichkeit, seinen Meister zu befragen und seinen Vorträgen zu lauschen) gibt es immer einen Meister. Dieser kann seinen Schülern helfen, voranzukommen indem er erahnt, wo der Schüler gerade steckt, um ihn durch individuelle Hilfen ein Stück weiter zu bringen. Ich bin kein solcher Meister. Ich kann dich nicht individuell begleiten, aber ich habe, ähnlich einem Reiseführer, allerlei hilfreiche Tips zusammengestellt. Umsetzen oder nutzen musst du sie aber selbst. So wie auch jede Antwort eines Zenmeisters am Verstand hebeln kann wie ein Koan (eine Art Denksportaufgabe, die sich nicht rational lösen läßt), so hoffe ich, in dir etwas in Bewegung zu setzen, das wächst und dich zu einem Kletterer macht, der Klettern als Weg zu begreifen beginnt, um selbst zu wachsen und sich von seinem Kopf zu distanzieren lernt.

Die Veränderungen, die Zen im Klettern bei dir bewirken kann, werden dann auch in den anderen Bereichen deines Lebens Fuß fassen und dich wahrscheinlich auch dort mehr zu einer Einheit aus Kopf, Herz und Hand werden lassen.

In diesem Sinne ist Zenklettern kein Trainingsprogramm, mit dem man in Windeseile zwei Grade besser klettern lernt. Es geht vielmehr um eine innere Entwicklung. Es kann also durchaus sein, dass du durch Zenklettern gar nicht besser wirst. Aber ich vermute stark, dass du mit dir und deinem Klettern mehr in Einklang kommst und dass du zufriedener mit deiner ganz eigenen Kletterleistung wirst.

Es gibt auch keinen Zeitpunkt, an dem du es geschafft haben wirst. Zen, ob beim Klettern oder auf einem der anderen Wege, ist eben ein Weg, auf dem man vorankommt und durch Üben besser wird; bei "richtigem" Üben immer besser, je länger man dem Weg folgt. Der Meisterschaft, in anderen Zen-Disziplinen durch den schwarzen Gürtel ausgedrückt, kommst du nicht näher, indem du dich fragst, wie lange es noch dauern wird, sondern indem du beständig übst. Dabei wünsche ich dir gutes Gelingen.

Beim Besserwerden im Klettern kann es sich um viele Bereiche handeln. Neben dem allgegenwärtigen Aspekt des mehr Kraft-„Habens" und damit besser Kletterns, gibt es die psychische Ausgeglichenheit, die einen lockerer klettern lässt oder die bessere Technik. Ziel eines Zen-Kletterers sollte dabei stets der mentale und technische Aspekt sein. Natürlich kommt, wie beim Bogenschießen oder beim Kampfsport, eine Entwicklung der Kraft hinzu, aber egal auf welchem Level man sich befindet, ist es stets möglich, die Route oder das Boulderproblem, das man klettert, optimal zu klettern, Sodass es nicht noch kraftsparender, direkter und ohne unnötige Zusatzbewegungen geklettert werden kann. Daher kann auch das leichteste Boulderproblem zur Übung des Zen genutzt werden.

Gripping Hard- und Software

Material

Im Kampfsport trägt man einen Gi (Kampfanzug). Beim Klettern sind die Klamotten erst einmal zweitrangig, solange sie dir Bewegungsfreiheit lassen. Die meisten beginnen damit, dass sie nach ersten Versuchen mit Freunden oder Bekannten Lust verspüren, damit weiter zu machen. Die Leihschuhe, der geborgte Gurt und eventuell noch mehr Material, werden mit gutem Willen gegen Eigenes ersetzt. Und wie bei allen Disziplinen macht ein gutes Sportgerät alleine noch keinen guten Sportler. Dennoch solltest du schauen, dass du für dich den optimalen Kletterschuh findest. Grundsätzlich gilt, dass du mit härteren Schuhen auf kleineren Tritten besser stehen kannst und mit weicheren bessere Reibung auf flächigen Tritten erzielst, das aber nur, wenn dir die Füße beim Antreten in den Schuhen nicht weh tun und die Schuhe nicht von den kleinen Tritten abrutschen, weil sie sich arg biegen. Dies kann neben schlechter Tritttechnik auch auf zu große Schuhe hinweisen. Wenn dir der Kauf noch bevorsteht (oder demnächst der Kauf deines zweiten, dritten oder vielleicht auch schon zehnten bis zwanzigsten Paar Kletterschuhe ansteht), dann mache dir Gedanken, wofür du das Paar brauchst und was deine Schwachstellen sind. Natürlich spielt der Preis eine Rolle, aber wenn du für den Eintritt in eine

Kletterhalle jedes Mal knappe 10 Euro hinlegst, oder der Sprit bis an den Fels das gleiche kostet, was sind dann 100 Euro für ein Paar gute Kletterschuhe? Bei vielen Kletterern wetzen sich die Schuhe auf Grund der rauhen Wände in den Hallen vorne sehr schnell durch. Natürlich kannst du dagegen auch härtere Modelle klettern, aber eigentlich ist das die beste Möglichkeit, an deinem Kletterstil etwas zu verändern! Setze die Füße besser! Schrubbe weniger an der Wand entlang usw.!

Es ist nicht die Wand an sich oder der Fels, der die Löcher in die Schuhe macht. Du bist es, und du kannst es verändern. Aber es muss in dein Bewusstsein gelangen und du musst es wollen und üben. Es ist eben ein Weg, ein Teil des Zen-Kletter-Weges.

Es ist dein Kletterstil und es sind deine Füße, für die du Kletterschuhe brauchst. Niemand anders wird dir daher deine Kletterschuhe kaufen können. Vielleicht werden es irgendwann auch mehrere Paare sein, die du besitzt, eines für die Halle, eines für Leisten und eines zum Bouldern? Vielleicht wird es aber auch ein günstiger Schuh, der einfach gut passt oder einer, der immer wieder besohlt wird? Schaue, sei offen für Veränderung und tue etwas, wenn du merkst, dass deine Füße am Fels oft nicht halten!

Alle anderen Ausrüstungsgegenstände, also Crashpad, Seil, Karabiner und Expressschlingen usw. machen aus dir keinen besseren Kletterer! Sie können dir aber helfen, dich sicherer zu fühlen und damit weniger Energie in den

Bereich der Psyche stecken zu müssen, um optimal zu klettern. Das kann von Vorteil sein, aber es kann auch zur trügerischen Sicherheit werden. Klettern ist gefährlich, und das solltest du nie vergessen. So wie man im Kampfsport eins auf die Nase bekommen kann, so kannst du beim Klettern fallen. Sei es, weil du eine Stelle nicht sauber kletterst oder weil Teile des Felsens nachgeben oder in der Halle Griffe oder Tritte lose sind. Versuche, dir dessen bewusst zu sein und schaue, dass du und mögliche Ängste an einem Strang ziehen und du optimal kletterst - auch in Bezug auf Sicherheit.

Die meisten Unfälle passieren auf Grund von Unachtsamkeit. Voran sind zu viel Schlappseil und Unachtsamkeit bei Zu- und Abstieg als Ursachen zu nennen. Aber auch der irgendwann nicht mehr gecheckte Knoten, der jahrelang immer richtig gesteckt wurde ...

Zenklettern bedeutet, immer wieder alles ganz zu tun, d.h. auch so etwas wie Knotenkontrolle und Partnercheck mit der gleichen Hingabe zu machen, wie das Klettern selbst. So wie es ein Genuss ist, eine schöne Route, die man auswendig kennt, fast intuitiv hinaufzuschleichen so kann es auch zum Genuss werden, festzustellen, dass der eigene Knoten und die Arbeit des Sicherungspartners optimal sind. Auch eine Kletterroute besteht nicht nur aus dem Schlüsselzug, sondern daraus, sie von unten bis oben optimal zu klettern.

Dies ist nicht nur aus irgendwelchen höheren geistigen Warten heraus wünschenswert, sondern auch für das Alltagsklettern wichtig. Erst wenn du gelernt hast, Kraft zu sparen, dann wird dir an deinem eigenen Limit genug Reserve bleiben, um auch die Schlüsselstellen schwieriger Probleme zu meistern.

Also suche dein Material gut aus und achte darauf welches dich in deiner Entwicklung weiterbringt! Vielleicht schaust du dir auch ein paar Kletterer an, die besser sind als du. Beobachte, was sie benutzen und wie sie dies tun. Vielleicht bekommst du so ein paar neue Impulse.

Training

Im Gegensatz zu „einfach nur Klettern" (was unter bestimmten Umständen ein super Training sein kann) ist Training nach der Definition von Sportwissenschaftlern ein geplantes Vorgehen. Trainingszyklen mit bestimmten Schwerpunkten wechseln sich ab. Leistungssteigerung ist das Ziel. Dazu gibt es einige Hinweise in den Kletter-lehrbüchern oder im Internet. Hier wirst du nichts dergleichen finden. Nichtsdestotrotz mag es dir helfen, dir Trainingspläne zu besorgen, sie selbst zu erstellen oder zu kopieren.

Hier geht es um ein Zusammenspiel deines Kopfes, deines Körpers und deiner Psyche. Oder anders ausgedrückt: Spaß (ES - Lust), Anspannung und Entspannung (ICH – Körper) sowie dein Geist (ICH - ÜBER-ICH) sollen zusammenarbeiten. Und sie sollen so zusammenarbeiten, dass du aus der augenblicklichen Situation beim Klettern das Optimale herausholst, ohne dabei die Zukunft zu vergessen - also dich zu stark zu belasten, so dass es zu Überlastungssymptomen kommt. Doch bevor wir zu den Fehlerquellen kommen, schauen wir uns die Einzelheiten des Kletterns mal genauer an.

Software

Dein Klettern sollte nicht nur eine sinnlose und sich zufällig ergebende Freizeitbeschäftigung sein. Wenn du an Klettern interessiert bist und daran, dich sowohl beim Klettern wie auch sonst weiterzuentwickeln, dann wirst du dies auf gewisse Weise planmäßig tun. Was nicht heißt, dass du wirklich einen Plan erstellen musst. Aber es dürfte dir klar sein, dass du, wenn du alle paar Wochen ein oder zweimal klettern gehst, nicht wirklich eine Weiterentwicklung erleben wirst. Wie bei vielen anderen Zenwegen ist eine gewisse Kontinuität oder anders ausgedrückt Disziplin, eine der Grundvoraussetzungen, um über gewisse Stolpersteine hinwegzukommen. Vielen fällt dies leichter, wenn sie einen Kletterpartner haben, der sie in „Schwächelphasen" motiviert bzw. allein dadurch, dass er einen Sicherungspartner braucht, an den Fels zieht. Aber auch wenn du allein bist, kannst du mit Planung und Disziplin sehr gut Fortschritte machen. Dann kann zwischendurch auch ein gut auf dich abgestimmter Trainingsplan kleine Wunder bewirken.

Geist

Dein Geist sollte frei sein. Das hört sich gut an, aber die wenigsten wissen wirklich, was das bedeutet und wie es sich anfühlt. Das ist der Grund, warum so viel meditiert wird oder im Zen eben Zazen - das "nur" Sitzen - geübt wird. Beobachte dich einmal selbst, wenn du kletterst (oder irgendetwas anderes machst). Was geht da alles in deinem Kopf herum? Vielleicht solche Gedanken, wie: Hoffentlich sichert er gut, das auf der Arbeit heute war doof, an der Stelle bin ich so blöd abgerutscht, wie ging der Zug nochmal ...

Zum Teil haben die im Kopf herumschwirrenden Gedanken zwar mit dem Klettern zu tun, zum besseren Klettern bringen sie dich meist nicht. Also lerne deinen Kopf frei zu machen. Dies ist insbesondere wichtig, wenn an die Gedanken Gefühle gekoppelt sind, die dir Angst machen, denn Angst führt zu festerem Zugreifen, zu einem steiferen Körper und dazu, dass deine Energie mehr in Richtung Abwehr der Angst geht als in lockeres befreites Klettern.

Hinzu kommen noch falsche Motivationsgedanken. Wenn du glaubst, besser klettern zu wollen oder zu müssen als andere, dann bist du im Kampf. Und der beste Kampf ist der, der gar nicht erst gekämpft wird. Das Klettern an sich ist schön, und wenn du Acht gibst und aufmerksam und „ganz" kletterst, dann ist es nicht wichtig, wer genauso gut klettert wie du oder besser oder schlechter. Kein anderer Mensch hat deine Arme, Beine, Muskeln und deine Bewegungserfahrung. Schau dich einmal beim Klettern um. Es gibt Menschen, die schreien und fluchen, wenn sie aus der Wand fallen. Und es gibt wenige Kletterer, die beim Abfallen ganz verwundert sind, manchmal sogar anfangen zu lachen, weil sie so bei der Sache waren, dass sie gar nicht mitbekommen haben, wie die Schwerkraft sich doch nicht austricksen ließ. Meist erkennen diese Kletterer an solchen Situationen, dass sie noch das eine oder andere am Klettern verbessern können, oder aber gerade etwas anderes ihrer Leistung besser entspricht.

Dies ist auch das schwierigste überhaupt, wenn man Zen leben will bzw. ihn auf das Klettern überträgt. Die, die nicht aus der Wand fallen, sind diejenigen, die nicht an ihrer Grenze klettern. Aus der Wand fallen muss sein. Denn wir müssen an unseren Fehlern und Schwachstellen arbeiten, um besser zu werden. Am Anfang ärgern wir uns darüber - schon wieder nicht geschafft. Und wir freuen uns, wenn es dann klappt, um bei der nächsten Gelegenheit wieder motzig zu werden, wenn eine neue Kletterlernerfahrung bevorsteht. Wenn du mehr Zenklettern praktizieren willst, lerne, dass deine Fehler die besten Helfer sind.

Nur was du falsch machst und als solches erkennst, kannst du bewusst verändern.

In einem Boulderführer über Bleau (Bouldergebiete rund um Fontainbleau bei Paris) stand der weise Satz, dass ein Problem, das man nicht klettern kann, in Frankreich nicht beschrieben wird mit dem Satz: das geht nicht, sondern mit: ich verstehe es nicht.

Ein Fehler kann dir helfen, besser zu verstehen. Wenn du dafür ein klein bisschen Verständnis entwickelst, dann kannst du auch immer öfter lachen, wenn du aus der Wand fällst. Du kannst darüber lachen, dass die Welt mit ihrer Schwerkraft dir zeigt, wo du deine Kletter-fähigkeiten noch verbessern kannst. Würde dir die Welt dies nicht offenbaren, könntest du nicht besser werden! Ich weiß, dass das für viele Kletterer sonderbar klingt, aber versuche, dankbar zu sein. Danke dem großen Lehrmeister, dass er dir den Fehler immer und immer wieder zeigen wird, bis du ihn beseitigt hast.

Und noch einmal zurück zum Startpunkt der Betrachtung über den Geist. Dein Kopf muss auch noch aus einem anderen Grund leer sein. Dein Körper muss in Sekundenbruchteilen taktile Wahrnehmungen verar-beiten und entsprechende Muskelgruppen anspannen oder Spannungszustände sehr kontrolliert verändern. Dieses hoch komplexe Geschehen muss teilweise so schnell geschehen, dass ein rationales Denken gar nicht mehr mitkommt. Klem Loskot hat das in einem Video über das „deep water soloing" (Dosage Vol. 2) so schön beschrieben, als er von einem riesigen Dynamo berichtet (ein Zug bei dem die Startgriffe losgelassen werden müssen und die Zielgriffe erst nach einer Art Flugphase ohne Felskontakt erreicht werden – Dynamo = dynamischer Kletterzug), bei dem der Kopf gar nicht schnell genug denken kann und deshalb der Kopf frei sein muss, um den Zug überhaupt klettern zu können. Wenn du es schaffst, in deinem Kopf die Leere wieder herzustellen, und wie ein aufgewecktes Kind in ein Kletterproblem einsteigst, dann hast du auf dem Zen-kletter-weg schon viel gewonnen. Das genaue Gegenteil findet sich leider häufig in Kletterhallen oder am Fels. Kennst du das, dass du vor einer Route, die als schwer eingeordnet ist, angespannter bist, mental genauso wie körperlich? Das bedeutet, du bist nicht frei in deinen kreativen Bewegungsmöglichkeiten und deine Kraftreserven verplemperst du, bevor du sie wirklich brauchst. Das gleiche Spiel gibt es auch bei vielen Kletterern im Unterschied zwischen Vorstieg und Toprope, oder gar hier im Kölner Raum sogar beim Topropen mit Schlappseil oder mit stramm gezogenem Kletterseil. Natürlich braucht es etwas mehr Kraft, das Seil in die Expressschlingen einzuhängen, aber bei weitem nicht so viel, dass man Routen, die man Toprope klettern kann, im Vorstieg nur „hochruhen" kann. Gleiches gilt für das Bouldern mit gutem oder schlechtem Absprunggelände usw.

Der einzige Ausweg ist, dies wahrzunehmen, es aus dem Unbewussten in unser Bewusstsein hinein zu nehmen und daran zu arbeiten; zum einen über den Kopf um unsere Bewertungen und Glaubenssätze zu überprüfen, zum anderen durch andere Erfahrungen, die sich durch bewusstes Training einstellen können, zum Beispiel durch Sturztraining.

Hast du das schon einmal gemacht? Fast alle Kletterer, die ich kenne, glauben daran, dass dies gut sei. Die Spreu trennt sich jedoch ganz schnell vom Weizen, wenn man sie beim Klettern beobachtet und sehen kann, dass nur ein kleiner Teil wirklich so etwas wie Sturztraining fabriziert und ins Seil fällt. Wenn du Zenklettern willst, höre auf, über das Klettern und Sturztraining zu reden, mache es und werde besser!

Koordination

Dies ist ein total spannender Aspekt des Kletterns, der sich im Großen wie im Kleinen wiederfindet. Klettern ist eine so komplexe Sache, bei der auf höherer Ebene von der Wahrnehmung ausgehende Impulse koordiniert werden müssen, um dann in Handlungsimpulse umgesetztzuwerden, die oft ein hohes Maß an Koordination unterschiedlichster Bewegungs- und Haltemuskeln erfordern (intermuskuläre Koordination). Dabei ist dies kein einmaliger Rückkopplungsprozess, sondern ein sich ständig selbst beeinflussender Verlauf. Stell dir eine Reibungskletterstelle auf einer geneigten Platte vor. Bei jedem Schritt musst du dein ganzes Körpergewicht über den Fuß bringen, der stehen bleibt und dann den anderen versetzen, ohne aus dem Gleichgewicht zu kommen oder die Reibung des Standbeins zu verlieren. Für mich sind solche Kletterprobleme, bei denen mehr Kraft auch nicht hilft, einfach wunderbar, um seinen Kletterstil zu verbessern. Allerdings nicht, indem man das Schleichproblem hoch rennt, damit abhakt und dann wieder zu dem übergeht, was man sowieso schon kann. Wenn du die Idee vom Zenklettern halbwegs annehmen kannst, dann wirst du ein solches Problem nicht abhaken, sondern es immer wieder zum Anlass nehmen, daran zu lernen, es optimaler zu klettern. So optimal, wie es im Augenblick mit deinen aktuellen Fähigkeiten möglich ist. Dabei wirst du kein Meister der dicken Arme, sondern mehr und mehr ein Meister der Koordination deiner selbst. Und die Welt um dich herum wird sich verändern!

Oder besser ausgedrückt: du wirst die Welt anders wahrnehmen. Die "Augen zu und durch"-Mentalität, die die meisten von uns mehr oder weniger in unangenehmen Situationen haben, wird sich mit der Zeit wandeln, hin zu einer "was kann ich hier lernen"-Einstellung. Ich glaube, dass dies unserem Menschsein viel näher kommt. Warum hat die Natur (oder der Great Spirit) sonst vorgesehen, dass wir in der Regel mehr als 60 Jahre hier auf Erden sind? Ich glaube, damit wir viele Erfahrungen machen können und genug Zeit haben, sie als Lernchancen zu nutzen.

So, nun noch einmal zurück zur Koordination und zwar auf der niedrigeren Ebene. Hier zeigt sich selbst in einzelnen Muskeln, dass diese aus Fasern bestehen und mehr oder weniger koordiniert zusammenarbeiten. Intramuskuläre Koordination nennen die Sportwissenschaftler dieses Zusammenspiel der Muskelfasern.. Dieser Prozess wiederum ist unserem Bewusstsein nicht zugänglich, sondern zeigt mehr oder weniger, wie unser Trainingsstand ist bzw. ob wir unseren Klettermuskeln oft viel abverlangen, so dass sie gelernt haben, mit einer höheren Anzahl an Fasern bei einer gewünschten Anspannung zu reagieren. Ein dicker und damit starker Muskel mit weniger Koordination ist wesentlich schwerer, als ein Muskel mit zwar im Detail wenigen dicken aber besser koordinierten Muskelfasern.

Lezterer ist leichter und daher für das Spiel mit der Schwerkraft besser geeignet. Beim Training ist es jedoch nicht sinnvoll, nur die intramuskuläre Koordination zu trainieren, denn ein insgesamt schwacher Muskel wird auch durch bessere interne Koordination nicht zu einem Kraftwunderwerk. Außerdem ist das Training für die intramuskuläre Koordination ziemlich hart und kann bei weniger trainierten Muskeln schnell zu Schaden statt zu dem gewünschten Kraftzuwachs führen. Unsere Körper sind ja auch nicht ohne Grund mit einer gewissen Kraftreserve ausgestattet. Sie soll in Notsituationen noch zur Verfügung stehen und nicht im Standardbetrieb genutzt werden. Wenn du regelmäßig kletterst, dann wird dein Körper als lernendes Wesen sich dem anpassen, so wie es für die zur Zeit von dir gekletterten Probleme sinnvoll erscheint. Sollte das nicht der Fall sein, dann ist es an der Zeit, deine gesamte Trainingsstrategie zu überdenken - mehr dazu später.

Technik

Was ist das eigentlich? Wenn wir das Wort im weiteren Sinne erst einmal betrachten, dann bedeutet es doch etwas Mechanisches, die Auseinandersetzung mit Geräten und deren Bedienung, damit sie ihren Zweck erfüllen. Wenn wir uns dem Thema Klettern mit der Technikbrille nähern, dann tun wir das so, als ob ein menschlicher Körper eine Maschine sei, und diese nur bestimmte Steuerungsinformationen braucht, um einen Kletterzug bestimmter Art zu vollziehen, zum Beispiel ein Piazzug - oder auch Gegendrucktechnik, d.h. die Füße drücken etwas unterhalb der Hüfte gegen die Wand und etwa in Schulterhöhe ziehen die Arme. Dabei ist der Hintern wegen der geraden Arme und Beine weit weg vom Fels. Es ist klar möglich, diese einzelnen Aspekte, die im Vergleich zu anderen Kletterbewegungen typisch sind zu erkennen und zu beschreiben. Nur nützt dieses kognitive Verständnis beim Klettern nur sehr wenig. Wer eine spannende Piazkletterstelle gemeistert hat, wird sich bestimmt daran erinnern, dass es schwierig ist, die richtige Menge Druck an der richtigen Stelle aufzubauen. Dann spielt es eine Rolle, wann welche Hand oder welcher Fuß bewegt wird. Es gibt also nicht eine Technik an sich, sondern ein komplexes Zusammenspiel deines Körpers. Das, was dann als Technik herauskommt, ist der Versuch, unterschiedliche Bewegungsformen zu klassifizieren. Die existieren nicht schon vor der Bewegung an sich. Also solltest auch du dich viel bewegen, um Technik zu entwickeln. Natürlich kannst du dabei anderen Kletterern zuschauen, deren Bewegungen ausprobieren oder bestimmte Übungen machen, die deinem Körper ein Gefühl für manche Standardklettersituationen geben. Aber wenn du deine Augen offen hältst, wird doch auch so ganz schnell deutlich, wo du dich verbessern kannst. Immer dann, wenn du etwas nicht mit Leichtigkeit (trotz der körperlichen Anstrengung) klettern kannst. Wenn du zehn oder mehr Male an einer schwierigen Stelle nicht weiter gekommen bist, dann bist du auch bereit, dich zu öffnen und etwas neues bewusst zu lernen. Vorher kommen doch meist allzu viele Gedanken, die dich ablenken von einer wirklichen Auseinandersetzung mit dir und deiner Kletterbewegung. Zum Beispiel der gut gemeinte Ratschlag eines Mitkletterers: mach das doch so und so, der allzu oft nicht angenommen wird sondern mit Argumentationen wie: das kann ich nicht halten oder das geht nicht, da bin ich zu kurz, zu ungelenkig . . . - möglichst vor dem Ausprobieren abgeschmettert wird als ginge es um einen Kampf gegeneinander, statt um ein Erlernen neuer, fürs Klettern sinnvoller Bewegungsmuster. Das beste Techniktraining beginnt deshalb auf der Seite deiner eigenen Klettermotivation! Ich glaube, du musst den Gedanken verbannen, dass du etwas nicht klettern kannst und statt dessen ein inneres Bild davon haben, dass du stetig auf dem Kletterweg voranschreitest. Dieses Voranschreiten geht über viele, viele Versuche, die dir zeigen, dass du noch etwas lernen kannst. Da du aber noch nicht genau weißt was, solltest du kreativ sein. Spiele mit deinem Körper und deinen Möglichkeiten. Versuche einfach alles mit voller Konzentration und hohem Einsatz. Ich kann mich noch gut erinnern, wie ungern ich Dynamos gemacht habe. Dort, wo ich klettern gelernt habe, waren sie meist nicht nötig, und ich hatte darin auch als großer Kletterer keine Bewegungserfahrung. Hinzu kommt, dass sie das krasse Gegenteil von einem durch Angst und Festhalten geprägten Kletterstils sind, den auch ich mir angeeignet hatte. Einfach alles auf einen winzigen Augenblick der totalen Anspannung hin konzentrieren und dann sich selbst abschießen in Richtung eines scheinbar unendlich weit entfernten Griffs. Dort halbwegs angekommen, muss aller Schwung, der zu viel ist oder in die falsche Richtung geht, wieder abgefangen werden, die Finger müssen in Sekundenbruchteilen den Körper halten. Ich konnte meine eigene innere Abwehr dagegen spüren. Aber genau die war es, die verhinderte, dass ich beim Üben Erfolg haben konnte. Denn gerade so etwas wie ein Dynamo geht nur mit voller Konzentration. Einige in der Boulderhalle habe ich jetzt gemeistert und bin darüber froh. Gleichzeitig haben wir die Giffabstände verlängert und ich komme inzwischen nicht mehr oben an. Da gibt es noch einiges zu verbessern. Neben vielleicht mehr Sprungkraft auf jeden Fall noch mehr Entschlossenheit beim Absprung. Aber es gibt keine Eile, und ich werde es wieder und wieder versuchen. Kletterprobleme sind ebenso wie die Schwerkraft geduldige Lehrer!

Ein anderer Aspekt von Technik bezieht sich auf die Art und Weise, wie du Kletterstellen bewältigst. Es gibt in vielen Routen ja unterschiedlich schwere Stellen. Wenn ich Anfängern zuschaue, dann kann ich gut erkennen, welche Stellen einfach und welche schwer sind. Bei den einfachen Stellen klettern die Anfänger relativ schnell und bei den schweren sehr langsam. Es scheint fast so, als würden sie bei den schweren Stellen so lange überlegen, bis die Kraft für den Zug der folgen soll nicht mehr ausreicht. Wenn du insgesamt Kraft sparen willst, dann macht es mehr Sinn, bei den leichten Stellen ruhig etwas langsamer zu klettern und bei den schwierigen schnell zu sein, ohne jedoch unpräzise zu werden. Lass dir das mal durch den Kopf gehen und versuche es umzusetzen!

Kraft

Ein lustiger und oft gesagter Satz in Kletterkreisen ist: it is easy if you are strong. Bei vielen Kletterstellen hilft Kraft beim Meistern. Dennoch hilft Krafttraining allein beim Klettern recht wenig. Es geht vielmehr darum, mit der Kraft, die man hat, optimal umzugehen. Warum klettern viele Frauen schöner als Männer? Weil sie weniger Kraft haben und nicht klotzen sondern klettern. Es geht also im Zenklettern nicht darum, einen Griff so fest wie möglich zu halten, sondern so locker wie möglich ohne abzurutschen - weiches Greifen eben. Wenn du dies beherzigst, dann bleibt dir für die folgenden Züge wesentlich mehr Kraft übrig. Wenn du es schaffst, ohne Angst ganz locker zu bleiben und nach jedem anstrengenden Zug wieder soweit locker zu lassen wie möglich, dann hast du plötzlich an den entscheidenden Stellen viel mehr „Strom".

Ok, es wird den einen oder anderen Zug geben, den du immer noch nicht ziehen kannst, aber wenn es Tritte gibt lerne sie besser zu nutzen und schaue, ob die Griffe eine andere Belastungsrichtung brauchen oder die Füße oder Hände besser getauscht werden sollten usw. usw..

So lange du davon ausgehst, dass das Problem sich nur mit mehr Kraft lösen lässt, wird dein Fokus darauf gerichtet sein und du wirst all die anderen Möglichkeiten übersehen. Vergiss daher einfach den Gedanken an zu wenig Kraft. Erstens behindert er dich bei deiner

Weiterentwicklung, zweitens erledigt er sich von selbst, wenn du immer wieder die Kletterstelle probierst. Dein Körper merkt sehr schnell, ob es an mangelnder Kraft liegt, und er wird automatisch deine Muskeln stärken, wenn du regelmäßig kletterst. Erst mit ziemlich fortgeschrittenem Klettern und so harten Routen, aus denen du immer an der gleiche Stelle herausfällst, kann ein speziell darauf abgestimmtes Training etwas nutzen. Aber das ist im Zenklettern Nebensache. Verenge also nicht deinen Blick sondern klettere, klettere und klettere mit optimalen Bewegungen und minimalem Kraftaufwand. Die fehlende Kraft wird kommen, sofern du wirklich kletterst bis zum Abfallen und wieder und wieder einsteigst.

Bewegungsgefühl

Um eine Bewegung beim Klettern auszuführen, bedarf es Bewegungswissens. Das heißt, du musst darin geübt sein, wie es sich anfühlt, wenn deine Muskeln eine Extremität oder den Rumpf in eine bestimmte Position bringen oder gebracht haben. Das hat etwas mit Muskellage-Sinn zu tun. Das ist die Fähigkeit, ohne andere Sinneseindrücke zu wissen, wo und wie sich ein Arm oder Bein z.B. im Raum und in welcher Stellung zum Rest des Körpers befindet. Auch das räumliche Vorstellungsvermögen spielt hier mit hinein. Wenn du dir gar nicht vorstellen kannst, wie ein Raum beschaffen ist, ohne ihn zu sehen, wie willst du dir dann eine Bewegung im selbigen vorstellen?

Da wir heute meist auf ebenen Wegen mittels Fortbewegungsmaschinen unterwegs sind, haben wir weniger Bewegungserfahrung und damit meist auch einen weniger ausgeprägten Muskellagesinn. Diesen gilt es zu entwickeln - am besten durch viel klettern. Dabei ist es nicht nötig, schwer zu klettern, sondern variantenreich. Bouldern ist auch super dafür, aber nach Möglichkeit Züge, die du noch nie zuvor gemacht hast. Allerdings sind die Boulderbereiche in vielen Kletterhallen so konstruiert, dass nur erfahrene Kletterer etwas damit anfangen können. In der Natur zum Beispiel, im legendären Bleau oder bei den Soulmoves, einer Art Volksbouldern, das jedes Jahr in Köln, Aachen und Düsseldorf ausgetragen wird oder auch in den jetzt mehr aufkommenden reinen Boulderhallen, wie der in Essen oder Hannover, gibt es für jeden Schwierigkeitsgrad etwas Spannendes.

Oder mal ein Kletterproblem andersherum klettern oder immer die andere Hand an den Griff . . .

Es geht darum, in deinem motorischen Gedächtnis viele Möglichkeiten anzulegen und für einen späteren automatischen Abruf bereit zu haben. Oder versuche Bewegungen langsamer zu machen und zu spüren, wie es sich anfühlt. Natürlich kannst du dabei, wie immer, im Zenklettern versuchen, es optimal zu machen, aber du kannst auch einfach spielen mit dir und der Schwerkraft. Viele gute Kletterer können sich an ganze Zugfolgen von Routen erinnern. Bewegungen scheinen in ihrem Gedächtnis abrufbar zu sein wie bei anderen Liedtexte oder Geschichten. Das ist nicht nötig, um zu klettern, aber es erleichtert die Sache, wenn du mit deinem Bewusstsein Zugang zu diesem Wissen hast, da es dir ermöglicht, auch ohne Felskontakt (zum Beispiel vor einer Flashbegehung) dich auf Kommendes vorzubereiten und mögliche Kreuzzüge, spezielle Griffformen und Klettertechniken schon gedanklich als Vorbereitung vorwegzunehmen.

Ein zentrales Element im Klettern, das Sparen von Kraft, hat auch mit Bewegungserfahrung zu tun. Wenn du super genau spüren lernst, wann deine Finger abrutschen würden (ich vermute, sie tun es erst viel später als du glaubst), dann kannst du so weich wie möglich greifen, ohne dabei deine nur begrenzt vorhandene Energie zu verschwenden. Vertraue darauf, dass dein Körper bei regelmäßigem Klettern automatisch mehr Kraft zur Verfügung stellen wird und lerne die schon vorhandene besser zu nutzen. Ich will hier auch nicht verheimlichen, dass ich selbst viele Jahre gebraucht habe, um das an mir festzustellen. In irgendeinem Kletterbuch habe ich es dann auch gelesen. Dort stand in etwa, dass das Einzige, was einen 8a Kletterer von einem 7a Kletterer unterscheiden würde, der Umstand wäre, dass der 8a Kletterer besser auf seine Kraftreserven aufpassen würde. Aber dies bezieht sich schon auf gut trainierte Kletterer, die weit oberhalb des durchschnittlichen Kletterers unterwegs sind. Die Bewegungsmuster sind in diesem Stadium meist vielfältig im motorischen Gedächtnis vorhanden und die Erfahrungswerte, ab wann die Schuhe nicht mehr halten oder die Finger abrutschen, sind sehr fein aus-differenziert...

Es würde mich reizen, einmal eine Versuchsanordnung aufzubauen, um zu testen, welche Kräfte an Fingern und Füßen an der Schnittstelle zum Felsen auftreten. Ich vermute, dass die mittels Muskulatur über die Hände gemachten Kräfte mit dem Können des Kletterers abnehmen und die an den Füßen auftretenden Kräfte zunehmen. Außerdem glaube ich daran, dass bei "besseren" Kletterern die Kräfte zwischen den einzelnen Extremitäten besser verteilt sind, d.h. dass nicht eine

Hand oder gar ein Finger viel Kraft aufbringt und der Rest locker herum baumelt, sondern dass von dem am meisten belasteten Glied der Bewegungskette durch geschicktes Belasten der anderen Glieder die zum Halten oder weiter Klettern nötige Kraft reduziert wird. Lenke deine Aufmerksamkeit einmal gezielt auf diesen Bereich und verbessere Stück für Stück dein Bewegungsgefühl, so kommst du dem Zenklettern näher und näher.

Perfektion

Was ist das überhaupt? Spüre doch mal in das Wort hinein und schau, welchen Geschmack es für dich hat. Allzu oft höre ich dies vor allem in Zusammenhang mit "nicht" perfekt und im Vergleich mit anderen. Im Sinne von Zenklettern solltest du dich als einzigartig begreifen und Klettern in jeder Art als etwas Richtiges. Wenn du bestimmte Bewegungsmuster nicht gelernt hast, und deshalb eine Kraft raubendere Alternative nutzt, um ein Kletterproblem zu lösen, so ist das doch für den Augenblick optimal oder eben perfekt. Mit der Zeit wird sich dein Bewegungsrepertoire erweitern, und du wirst immer wieder Kletterstellen noch besser - dann eben wieder perfekt klettern. „Perfekt" ist dann nicht mehr losgelöst von dir, deinem augenblicklichen Zustand (mental und/oder physisch den Rahmenbedingungen wie Wetter ...) und allen anderen die augenblickliche Situation bestimmenden Faktoren. Es gibt nur dieses Hier und Jetzt. Gestern und Morgen existieren nicht wirklich. Daher können sie zwar in deiner Erinnerung oder deinem Glauben vorhanden sein, aber wenn du zenkletterst, zählt das Jetzt. Das macht für mich auch den Reiz aus beim Klettern am Limit. Konzentration auf das Einzige, was real ist. Und Perfektion beinhaltet genau dies: hier und jetzt optimal zu klettern. Also mache dich frei von Erwartungen, dass es heute wieder so klappen soll, wie vorgestern oder sonst irgendwann, oder dass es jetzt klappen muss, weil so viele andere Kletterer das können, Menschen zuschauen oder dass du sonst irgendwie glaubst, im Zugzwang zu sein. Werde leer, wie ein hohler Bambus und klettere optimal - alles vorhandene Können und alle Konzentration nur auf das eine gerichtet. Viel Spaß dabei - möge es dir mit der Zeit besser und besser gelingen, denn es ist ziemlich schwer.

Fehler

Ein Fehler ist in unserer Gesellschaft klar festgelegt und durch unser Schulsystem zum Stolperstein degradiert worden. Doch eigentlich ist ein Feler etwas anderes. Es hängt davon ab, wie deine eigene Einstellung dazu ist. Du kannst jetzt daran hängen bleiben oder schauen, was es mit dir macht, dass da das Wort Fehler falsch geschrieben stand.

Mit einem Fehler geht meist eine schlechte Bewertung einher. Viele Menschen werden dadurch auch besser, aber nicht weil sie sich verbessern wollen, sondern weil ihnen der Druck, den ein Fehler auf sie ausübt, unangenehm ist. Das ist vergleichbar mit den Kletterern, die laut schreien, wenn es schon wieder mal nicht geklappt hat und sie aus einer Kletterstelle heraus gefallen sind. Es beginnt eine Art Kampf zwischen dem Fehlermacher und dem Fehler, oder gar denen, die den Fehler gesehen haben. Das hat aber wenig mit Zenklettern zu tun. Am besten ist es, wenn du das Wort Fehler aus deiner privaten Vokabularliste streichst. Du solltest dich darauf konzentrieren, dass solche Gelegenheiten dich darauf aufmerksam machen, dass du etwas verbessern kannst an deinem Klettern. Darüber habe ich ja schon etwas geschrieben im Kapitel Geist. Dennoch gibt es auch im Zenklettern so etwas wie Fehler. Solltest du diese Anleitung dazu missbrauchen, dich nicht weiter zu entwickeln, dann ist das kein Zenklettern. Wenn du zum Beispiel zu wenig kletterst und deshalb deine Schwachstelle wirklich fehlende Kraft ist, dann ist es falsch, sich darauf zurück zu ziehen, dass hier ab und zu steht, Kraft ist kein Wundermittel. Ich hoffe, du verstehst, wie ich dass meine. Es ist einfach falsch, wenn du nicht weiterkommst, weil du an einem Dogma hängst und dieses Werk dazu benutzt, dieses Dogma zu bestätigen. Falsch ist es auch, wenn du etwas tust, um besser zu werden, dabei aber nicht besser wirst. Dies tritt zum Beispiel bei Übertraining auf. Das heißt, du lässt deinem Körper nicht genug Zeit, sich wieder zu erholen nach einer Klettereinheit, oder das von dir oder wem auch immer erdachte Training ist für einen jetzigen Trainingsstand zu schwer und belastet deinen noch nicht so sehr ans Klettern gewöhnten Körper zu sehr . . .

Zenklettern geht immer von dir und deinen Möglichkeiten aus und nicht nach einer durchschnittlichen mathematisch bestimmten Kletterfitness. Wenn eine Kletterstelle nicht gelingen will, dann ist es vielleicht noch nicht Zeit für sie? Oder du hast das zu Lernende noch nicht entdeckt. Ein viel härteres Training kann dich durch Verletzungen durch Überlastung manchmal noch viel weiter wegbringen vom gewünschten Trainingserfolg als einfach mal ausruhen und die anderen nicht körperlichen Aspekte zu trainieren.

Leistungsplateaus

Um einen klareren Blick auf diesen Aspekt werfen zu können, ist es wichtig, noch einmal die zwei Grundlagen deiner Kletterleistung zu betrachten. Zum einen ist dein Körper und seine Entwicklung entscheidend für Fortschritte, zum anderen ist es dein Geist, der stark bestimmt, was geht oder auch nicht. Mir fällt dazu eine schöne Geschichte von den Odenwälder Kletterfreunden ein. Einer von ihnen war dafür bekannt, dass er immer im sechsten Grad unterwegs war. Irgendwann kletterte er auch etwas schwerere Routen. Der Kommentar der anderen Odenwälder Kletterfeunde war daraufhin nicht „oh, R. ist besser geworden", sondern ging in die Richtung: „oh die Route ist zu hoch bewertet, R. kann sie klettern, dass kann höchstens eine 6 sein"! Dieser geistige Mechanismus kann dich auch dazu bringen, selbst ein Leistungsplateau für dich zu schaffen. Du bist über Monate (Jahre) nie besser als einen bestimmten Grad geklettert? Dementsprechend hast du auch die Erwartung, nie besser klettern zu können. Kommt, woher auch immer, eine schwerere Route auf dich zu, bringt deine innere Erwartung dich dazu, so fest zuzupacken, dass du in der Mitte der Route schon platt bist und schon hat sich deine selbst erfüllende Prophezeiung bewahrheitet. Du kannst so etwas Schweres gar nicht klettern. So ging mir das auch als ich früher die Griffe von achter Routen angepackt habe. Die konnte ich nicht festhalten, und auch heute noch merke ich die gleichen Gedanken, wenn ich Routen über 8-betrachte. Dabei stecken da inzwischen einige Züge drin, die ich locker klettern kann. Aber mein Geist hängt an der Vergangenheit und versucht, mir diese immer wieder aufzutischen. Ein Weg besser zu werden im Zenklettern ist daher, sich von dieser Vergangenheit zu lösen, sonst hängst du auf einem solchen Leistungsplateau fest. Dabei ist der Geist meist der Ausgangspunkt, der Körper passt sich dem jedoch perfekt an. Betrachten wir dazu, wie der Körper autonom funktioniert. Im Allgemeinen werden Reize von außen aufgenommen, dann registriert und zum Ausgangspunkt von Anwortprozessen genommen. Beim Klettern dürfte dabei im speziellen die Anpassung der Muskeln, Bänder und Gelenke von Bedeutung sein, deren Prozess uns nicht bewusst zugänglich ist. Sportwissenschaftler haben festgestellt, dass auf mehrere Reize, die einen Muskel auspowern der Muskel in einer Regenerationsphase mit Muskelzuwachs reagiert. Glauben wir also daran, dass wir eine bestimmte Kletterstelle doch klettern können, so werden wir mehrfach versuchen, sie zu meistern. Der Impuls, einen bestimmten Zug zu ziehen, wird mehrfach produziert. Reicht dabei die Kraft nicht aus, so wird es zur lokalen Ermüdung in den stark beteiligten Muskeln kommen. Dafür sind aber mehrere Wiederholungen der Kletterbewegung nötig, und die Pausen dazwischen dürfen nicht zu groß sein. Es entsteht so etwas wie ein Reiz, dass der Muskel einfach zu schwach ist. Unser Körper wird mit Muskelwachstum reagieren. Wenn wir in etwa drei Tagen wieder klettern gehen, kann es schon sein, dass die zugewonnene Kraft ausreicht. Wir sind ein Stück besser geworden. Gehen wir jedoch erst viele Tage später wieder klettern, so hat unser Körper das Mehr an Kraft vielleicht schon wieder rückgängig gemacht, weil wir es ja in der Zwischenzeit nicht gebraucht haben. Ich kann diesen Prozess bei mir sehr gut verfolgen sowohl in die eine wie in die andere Richtung. Dieser Vorgang der Kraftsteigerung geht leider auch nicht bis ins Unermessliche. Nach ein paar Wochen Training sagt der Körper sich wohl so etwas wie: „den Reiz kenne ich, der kommt schon seit Wochen, da nützt Muskelaufbau auch nichts". Dann funktioniert es mit der Anpassung auch nicht mehr. Dies ist ein weiterer Grund für Leistungsplateaus. Um dies zu vermeiden, macht es Sinn, das Training immer wieder umzustellen, und neue andersartige Reize zu setzen und somit den Körper wieder dazu zu bringen, Kraft aufzubauen.

Wenn du mit deinem Training nicht weiter kommst, dann solltet du es verändern. Zenklettern lebt davon, dass du mit offenen Augen durchs Leben gehst und dein Handeln und deine Ziele in Bezug aufs Klettern immer wieder daraufhin überprüfst, ob du vorankommst. Trainierst du wie ein Wilder und wirst nicht wesentlich besser, dann macht deine Art von Training keinen Sinn. Schau dir dein Training an. Vielleicht hast du einen bestimmten Ablauf, den du immer wiederholst. Jedes Mal die gleichen Kletterstellen zum aufwärmen, dann das Standardprogramm und dann fällst du aus deiner

Problemroute raus und gehst wieder nach Hause. Dein Körper kennt diesen Ablauf genau und weiß, dass seine Reserven hierfür ausreichen. Also wecke die Veränderungsgeister in dir! Du kannst nicht nur bei den Bewegungen durch eine Vielfalt dem Zenklettern näher kommen, auch durch eine Vielfalt in der Art, wie du deinen Körper belastest, passt er sich besser an, vorausgesetzt, du lässt ihm auch immer wieder Pausen, damit er sich von den Anstrengungen erholen kann. Wenn du dich auf einem Leistungsplateau befindest, dann muss das nicht für immer so sein. Arbeite daran! Damit sind wir auch schon bei einem weiteren wichtigen Grundbaustein vom Zenklettern.

Disziplin

Wieder ein Zauberwort, in das viele Menschen auch viele unterschiedliche Bedeutungen hineingeben. Mit Disziplin ist es wie mit dem Krafttraining. Einfach nur mehr Kraft nützt zum Klettern wenig. Einfach nur diszipliniert Trainingspläne durchhalten kann zwar als diszipliniert interpretiert werden, bringt jedoch auch nicht immer etwas. Es geht wie immer darum, einen vorhandenen Zusammenhang zwischen eigenem Können und nötigen Veränderungen im Bereich Klettertechnik, Kraft, Taktik oder auch Psyche anzugehen und nicht zu umgehen. Da es sich bei diesen zu lernenden Inhalten jedoch um Bereiche handelt, deren Inhalte wir noch nicht so gut kennen und können, schauen wir lieber weg. Ein Angehen dieser "Problemzonen" fällt uns schwer. Hinzu kommt, dass sich Veränderungen erst einstellen, wenn wir regelmäßig daraufhin arbeiten. Eine Disziplin, bei der wir uns und die zu verbessernden Aspekte gleichermaßen im Blick haben und auf Veränderungen eingehen, macht daher mehr Sinn, als ein zwar stringent durchgezogenes Programm, das an uns vorbei geplant ist. Wir müssen mit unserem Training ein mittleres Anregungsniveau treffen, bei dem wir uns so viel abverlangen, dass unser autonomes System mit Anpassung reagiert, ohne jedoch unsere Schwachstellen zu überfordern. Diese Überforderung kann in allen Bereichen auftreten. Körperlich macht sie sich oft erst spät bemerkbar, dann aber manchmal um so heftiger. Psychisch ist sie, wenn wir aufmerksam sind, leicht daran zu erkennen, dass uns der Antrieb fehlt oder wir den Spaß verlieren. Da sind zumindest für mich und das Zenklettern wichtige Beobachtungen, die uns sofort dazu bewegen sollten, genauer hin zu schauen. Da Klettern an sich total toll ist, muss es andere Gründe geben, wenn es uns keinen Spaß mehr macht. Vielleicht klettern wir plötzlich mit Menschen, die uns daran den Spaß nehmen? Vielleicht wollen wir von uns und unserem Körper etwas, was im Augenblick einfach zu hoch gegriffen ist? Vielleicht hindern uns ganz andere innere Beweggründe, die es erst zu ergründen gilt, bevor unsere Psyche bereit ist, beim Klettern mitzuspielen, statt bestimmte Kletterstellen durch Angst zu boykottieren.

Die Disziplin, die für das Zenklettern wichtig ist, ist deshalb eher vergleichbar mit der Aufmerksamkeit, die ein guter Chef eines Großunternehmens hat, der von jedem Mitarbeiter weiß, wo ihn der Schuh drückt, gleichzeitig aber seine Unternehmensziele so gut herüberbringt, dass alle Mitarbeiter daran fleißig mitarbeiten. Dieses Ziel hat nichts damit zu tun, einfach mal fünfe gerade sein zu lassen oder alles auf sich zukommen zu lassen, sondern damit, offen zu sein, um viel wahrzunehmen, gleichzeitig aber zielstrebig und immer wieder das anzugehen, was nicht wie am Schnürchen funktioniert. Dabei spielen auch Erholungsphasen und Entspannung eine Rolle, so wie ein guter Betrieb auch eine gute Kantine mit gesundem Essen haben sollte. Werde dir klar, was du willst beim

Klettern und wie der Weg dahin aussehen könnte. Mit einem Mal pro Woche Klettern, wirst du nicht soweit kommen. Mit sieben Mal pro Woche Klettern als Anfänger wirst du auf Dauer auch nur Überlastungsprobleme bekommen, statt ein super Kletterer zu werden. Zur Disziplin gehört daher auch der Aspekt, die Zeit mit zu betrachten und in deine Planung mit einzubeziehen.

Die eigenen Grenzen

Es gibt Grenzen. Auch dir sind Grenzen gesetzt, was dein Fortkommen im Klettern angeht. Einige davon sind unumstößlich. So zum Beispiel deine Größe oder besser gesagt Länge. Wenn du nur 1,65m lang bist, dann kommst du an viele Griffe nicht so gut dran wie ich mit 1,80m Länge. Dafür sind bei mir mit dieser Länge viele Hebelverhältnisse ungünstiger, und ich werde wohl immer mehr wiegen als kürzere Kletterer. Aber diese Grenzen hindern dich selten daran, besser zu werden. Andere körperliche Grenzen wie Beweglichkeit, Kraft, Koordination und so weiter - ja sogar psychische Grenzen wie Höhenangst oder Angst vor dem ins Seil-Fallen - lassen sich verschieben oder gar auflösen. Allerdings ist bei der Arbeit an deiner Grenze Vorsicht geboten. Veränderungen in diesem grenznahen Bereich können auch das Gegenteil bewirken, zum Beispiel das Krafttraining, bei dem einzelne Bereiche überlastet werden können. Die Muskelansätze, Bänder und Sehnen, die die Muskelkraft auf das Knochengerüst übertragen, wachsen weit langsamer als die Muskeln selbst. Trainierst du in diesem Bereich, ohne genau auf deinen Körper zu hören und die Erkenntnisse der Sportwissenschaft mit einzubeziehen (Stärke des Reizes, Länge des Trainings, Erholungsphasen...), kann es entweder nicht zum gewünschten Erfolg kommen, was mit Sicherheit deine Motivation sehr schnell dämpft, oder aber es kann zu Folgeschäden kommen, die dich oft weiter zurückwerfen, als gar nicht trainiert zu haben. Das Gleiche gilt auch für die sehr sensible Psyche. Achtest du nicht auf deinen inneren Widerstand, so kann es sein, dass nach einem Trainingssturz deine Angst größer ist als vorher, obwohl bei dem Sturz nichts passiert ist, außer dem flauen Gefühl im Magen. Akzeptiere erst einmal was ist und versuche als ganzer Mensch, auch mit den Anteilen in dir, die nicht fallen wollen oder - anders ausgedrückt - „glauben", nicht gehalten zu werden, zusammenzuarbeiten. Wenn es dir gelingt, in diesem Bereich mit Freude, trotz der Anspannung, kleine Schritte zu gehen, wirst du die Lust am Klettern behalten und dich über jeden kleinen Schritt freuen können. Und das Spannendste daran ist, dass sich die Grenzen verschieben, ohne dass du gegen sie kämpfst.

Aber du bewegst sie. Andere Grenzen entstehen, weil du keinen Schritt gehst. Das heißt, du ergibst dich ihnen, schön versteckt hinter Aussagen wie: „da bin ich zu schwer, zu schwach, hab ich zu viel Höhenangst, nicht genug Nerven . . ."

Willst du dich weiter entwickeln beim Klettern oder willst du nur deine schon gewonnenen Stärken vorführen? Die Grenzen, die am deutlichsten werden, verraten dir auch, wo du etwas verändern könntest.

Wenn du eine dieser Grenzen erweitern möchtest, dann ist das wie mit dem Wasser und dem Stein. Stetes Wasser höhlt den Stein. Wenn du das überträgst, dann wird deutlich, dass du nicht alle paar Wochen einen Eimer

Wasser über den Stein kippen solltest, um ihn zu verändern, sondern stetig ein wenig davon. Allerdings sind wir nicht wie Wasser und die Grenze nicht aus Stein. Daher ist das Vorgehen viel komplizierter. Aber stetiges Training mit passenden Pausen bringt viel mehr als seltenes, dann aber sehr hartes Training. Und wir haben alle einen Kopf, um uns darüber klar zu werden, ob wir besser werden wollen oder einfach nur klettern und unsere Grenzen behalten. Auch wenn wir diese Entscheidung allzu oft unser Unbewusstes entscheiden lassen, statt bewusst etwas zu verändern. Aber das ist auch nur eine der geschaffenen Grenzen in unserem Bewusstsein. Stelle dir daher die Frage: willst du Zenklettern? Wenn ja, was bist du bereit zu investieren? Bei weniger als einem Abend in der Woche wird es schwierig werden, nach einer Anfangsphase besser zu werden. Aber wenn das dein Weg ist, dann kannst du auch da einiges herausholen! Irgendwann wird dann zwei bis dreimal pro Woche nötig sein, um dich zu verbessern, dann vielleicht irgendwann vier bis fünf Tage die Woche usw. Also schaue, wo du stehst und welche Grenzen dich daran hindern voranzuschreiten.

Kletterfallen, mentale Griffausbrüche und Trittabrutscher

Zweifel, fehlender Glaube

Schau mal in dich! Wenn du zu den Menschen gehörst, die mit Bewunderung auf andere schauen, die schwere Routen klettern können, die du nie meistern wirst, dann ist die größte Schwierigkeit gar nicht die Route selbst, sondern deine eigene innere Einstellung. Natürlich wirst du als Anfänger nicht weit über dem sechsten Grad klettern, aber das Potential ist doch da. Du kannst deine Arme und Beine bewegen und Klettern macht dir Spaß. Das reicht erst einmal, um Motivation aufzubauen, zum Klettern zu gehen. Dort, vor Ort am Fels oder in der Kletterhalle, lass deinen Körper machen, was ihm Spaß macht und benutze deinen Geist dazu, besser zu werden. Wenn du selbst zweifelst, wirst du zu deinem besten Boykotteur. Überprüfe daher, was du über dich selbst denkst. Sätze wie: „das lerne ich nie; so gut bin ich nicht; dazu bin ich zu schwach..." solltest du abändern und sie ihrer Absolutheit berauben. Wie fühlen sich folgende Sätze für dich an? „Oh, da kann ich noch einiges lernen; daran kann ich prüfen, wann ich besser geworden bin; vielleicht kann ich das bald, wenn ich noch etwa übe ...".

Grundsätzlich kannst du immer besser werden beim Klettern, aber nur dann, wenn du deinen Fokus darauf richtest, statt auf das zu schauen, was noch nicht klappt. Dies bedeutet nicht, einfach über das hinwegzusehen, was noch nicht klappt. Alles, was nicht klappt, zeigt dir, wo es lang geht. Aber versuche nicht anzukommen, bevor du losgegangen bist. Damit meine ich, dass du jeden einzelnen Schritt gehen musst, um anzukommen. Statt an deinen Fähigkeiten zu zweifeln, kannst du schauen, wie komplex Klettern ist und wo du überall noch das eine oder andere verbessern kannst, um das eine oder andere Projekt zu schaffen. Suche dir dabei aber nicht zu entfernte Ziele, sonst könnte es ein, dass du nie ankommst. Wenn du das merkst, hast du eine weitere eigene Boykottstruktur in dir entdeckt. Du solltest für dich mit Spaß klettern. Und wenn alle anderen Menschen einen ganzen Grad besser klettern als du (was nie der Fall sein wird), schaue trotzdem auf dich und dein Klettern und suche dir das aus, was dir nahe, eben nur ein kleines Stück entfernt ist, um zu sehen, dass du vorankommst. Du wirst so schnell vorankommen, weil du immer wieder Ziele erreichst und deine Motivation dich weiterträgt. Die weiten Ziele werden damit auch immer näherrücken und irgendwann so nah sein, dass sie fast von alleine erreicht werden. Klettern macht Spaß - immer! Wenn das nicht so ist, überprüfe, was „in dir" dir den Spaß nimmt.

Ego

Du hast ja eben schon erfahren, dass deine eigenen Gedanken stark bestimmen, ob du kletterst, dich nur am Fels quälst oder ganz wo anders bist als beim Klettern. Neben den eigenen Bewertungen deines Kletterns solltest du aber auch genau hinschauen, warum du was klettern willst. Wer Zen macht, um schnell erleuchtet zu werden, um es dann allen anderen zu erzählen, wird wohl nicht weit kommen. Klettern als Weg des Zen kann dich nicht voran bringen, wenn du nicht einfach kletterst, sondern damit beeindrucken willst, mithalten willst oder du deinen Selbstwert von deiner Leistung abhängig machst. Spätestens, wenn du einmal krank wirst und länger nicht mehr klettern kannst, wirst du schlechter werden. Vom Standpunkt des Zenkletterns ist das aber gar nicht schlecht. Es ist eine Chance, Züge, die du vorher einfach nur mit Kraft durchgezogen hast, jetzt besser zu klettern, weil die Kraft nicht mehr so da ist. Das lässt sich so schön bei den Frauen bewundern, die mit weniger Kraft auf dieser Welt sind (im Durchschnitt zu den Männern) und deshalb meist viel "schöner" klettern. Wenn dein Ego groß ist, wirst du auch große Schwierigkeiten haben, einfach zu klettern und zu erkennen, dass es nur dich, so wie du jetzt bist, gibt und diesen Augenblick. Gestern oder vorige Woche, als du jenes Problem klettern konntest, gibt es nicht mehr. Und ob es morgen oder nächste Woche geben wird, wo du es vielleicht wieder klettern können wirst, steht in den

Sternen. Genieße es jetzt, das zu klettern, was du kletterst. Wenn du erkennst, wie dich dein Ego unter Druck setzt, wird es Zeit, sich etwas von ihm zu desidentifizieren. Du bist einfach, wer du bist. Ob du es bewertest oder schaust, wie andere es bewerten könnten, ist davon unabhängig. Klettere viel, bewerte nicht und denke zielgerichtet über das Klettern nach. Alles andere zieht dir nur Energie vom Klettern ab. Ich weiß, bisher gab dir dein Ego auch Halt. Du glaubst zu wissen, wer du bist und was du klettermäßig drauf hast. Aber wage es, all das loszulassen und du wirst dich nicht auflösen, sondern tiefer schauen und feststellen, dass du selbst nicht verschwindest, sondern mehr eins wirst mit der Bewegung, dem Fels und dir. Sehr wahrscheinlich kennst du das aus ganz schweren Kletterstellen, in denen du alles konzentrieren musstest und es dann einmal geklappt hat mit diesem Gefühl der Einheit, des „da-ist-nichts-anderes mehr". Wenn du es schaffst, dieses Einssein auch bei Klettersituation nicht ganz am Limit zu schaffen, dann bist du angekommen beim Zenklettern.

Atem

Da Klettern eine fließende Sache mit sich ständig ändernder Muskeltätigkeit ist, sollte stets auch für eine optimale Sauerstoffzufuhr in die Muskeln gesorgt werden. Bei Kraftsportarten wie Kugelstoßen oder Gewichtheben, bei denen nach einer sehr harten Anstrengung erst eine Pause erfolgt, mag eine einzige stoßartige Ausatmung oder sonstiger Pressatmung von Vorteil sein, um die Kraft besser zu bündeln. Beim Klettern jedoch ist eine dauerhaft gute Versorgung mit Sauerstoff hilfreicher, da man ja nach einer Schlüsselstelle meist noch weiter klettert bis zum Ausstieg bzw. Topgriff. Schaue deshalb auch auf deinen Atem und darauf, ob du ihn in schwierigen Situationen veränderst oder gar anhältst. Sollte das so sein, hast du einen weiteren Schlüssel in der Hand, der in das Tor zu mehr Kraft und Ausdauer beim Zenklettern passt. Aber du kannst den Atem zu mehr nutzen, als zur Sauerstoffversorgung der Muskeln!

Im klassischen Zazen, dem "einfachen" Sitzen, geben die Meister meist die Hilfe an die Hand, sich bei der Übung auf den Atem zu konzentrieren und die Atemzüge zu zählen. Ich bevorzuge es, nur die Ausatemzüge zu zählen. Es ist aber auch möglich, das Ein- und Ausatmen zu zählen oder nur das Einatmen. Dabei wird immer nur bis 10 gezählt und dann wird wieder bei eins angefangen. Probiere es aus, es bringt dich aus dem Kopf mehr in den Körper und gibt der Gedankenmaschine etwas zu tun. Aber sei nicht erstaunt, wenn es nicht so einfach ist und du plötzlich vergisst zu zählen oder dich weit über zehn befindest. Wenn sich zwischen die Zahlen Gedanken mischen, dann versuche sie loszulassen und dich mehr auf das Klettern und das Zählen zu konzentrieren. Oft hilft es, etwas tiefer auszuatmen um mehr Konzentration zu bekommen. Viel Spaß bei dieser neuen Erfahrung.

Fehlender Biss, Halbherzigkeit

Wenn du zu denen gehörst, denen oft die Finger oder sonst etwas noch Tage nach dem Klettern weh tun, dann kannst du getrost dieses Kapitel überspringen. Aber ich habe auch Menschen kennen gelernt, die es schaffen, eine Kletterstelle halbherzig zwanzig Mal zu versuchen und danach immer noch Kraft hatten - oder immer noch keine Kraft hatten. Diese Menschen lassen die Griffe los, noch bevor die Kraft wirklich verbraucht ist und plaudern mit dem Sicherungspartner um sich getrost auch mal richtig auszuruhen, um dann den zweiten Versuch zu starten. Nur leider gibt es noch nicht so viel, wovon man sich ausruhen sollte. Dann geht es, da sich ja nicht viel geändert hat, wieder mit dem gleichen Einsatz und derselben Lösungsidee und derselben langen Pause zur Besinnung weiter, weil es wieder nicht klappt. Dass inzwischen vielleicht schon drei oder vier andere Seilschaften gerne in dieselbe schöne Route eingestiegen wären, stört einen ja beim Ruhen nicht. Vielleicht klappt dann doch durch geschicktes Ziehen des Sicherungs-partners die Kletterstelle und irgendwann kommt man doch oben an und sagt von sich, man wäre die Route mal wieder geklettert. Was hier natürlich überspitzt dargestellt ist, das machen doch einige Kletterer und wundern sich, dass sie nicht besser werden. Aber du kannst deinen Körper nicht austricksen. Wenn du ihm durch lange Pausen und frühes Abbrechen signalisierst, dass du doch nicht mehr Kraft brauchst, dann wird er sie auch nicht aufbauen. Biss, festzuhalten und zu versuchen, bis die Finger aufgehen, bringt da mehr, als aufzugeben, bevor die Kraftreserven wirklich weg sind - der komplette Zucker im Muskel verbrannt ist. Hochruhen in Routen ist kein Klettern und schon gar kein Zenklettern. Wenn du merkst, dass dir der Biss fehlt, solltest du dich fragen, warum du kletterst. Kletterst du wirklich, weil es dein Ding ist, entgegen der Schwerkraft deine Muskeln spielen zu lassen oder willst du vielleicht nur dazugehören zu diesen coolen Typen, die an den Felsen „rocken"? Sind die Ziele, die du im Auge hast, wirklich effektiveres Klettern? Wenn ja, kann dir dieses Büchlein Anstöße geben, wenn nicht, wirst du vielleicht mit einem anderem Sport oder Hobby glücklicher.

Wenn du trotz fleißigen Übens und messbarer Verbesserung einzelner Elemente wie Kraft oder Technik nicht besser wirst, dann kann das daran liegen, dass du nur das trainierst, was du eh schon gut kannst. Wenn du gut etwas wegblockieren kannst, also eher statisch kletterst, dann solltest du das dynamische Klettern üben und anders herum. Wenn du schon kräftige Arme hast und zahlreiche Klimmzüge kannst, dann feile an der Fußtechnik und andersherum . . .

Du wirst dadurch viel besser, dass du das trainierst, was du am schlechtesten kannst. Das wird dir um so schwerer fallen, je mehr du glaubst, ein guter Kletterer zu sein und je mehr du für andere kletterst (oder sollte man sagen posierst). Denn wenn du eine Schwachstelle hast, dann wirst du in entsprechenden Kletterproblemen alt aussehen bzw. weit unter deinem sonstigen Niveau klettern. Mache dir klar, wo du hinwillst, und nimm das in Kauf, dann wirst du wesentlich schneller besser werden, als durch Training deiner ohnehin schon guten Seiten.

Fehlender Fokus

Damit ist auch klar, wo dein Fokus hingehen sollte zu dem, was du noch nicht so gut kannst. Wenn du eines dieser kleinen Nachholbedarfsfelder gefunden hast, dann solltest du dich auch wirklich darauf konzentrieren, ihm Zeit, Geduld und Anstrengung zu widmen. Dein Training sollte natürlich immer noch Spaß machen, aber eben auch diesen für dich nicht einfachen Bereich beinhalten. Super ist es, wenn dein Trainingsort eine Halle ist, in der du entsprechende Kletterprobleme entweder selbst schrauben kannst, oder aber in der du den Schraubern deine Wünsche sagen kannst und die dann etwas Passendes für dich schrauben. Oder du überwindest dich immer wieder, um genau in die Routen rein zu gehen, die dir nicht so liegen. Du wirst sehen, dass du dich verbesserst und das nicht nur in diesen Routen, sondern im Ganzen. Allerdings nutzt ein Tropfen auf einen heißen Stein wenig. Du solltest mindestens drei Wochen bei einem Schwerpunkt bleiben! Wenn du den Schwung am Anfang eines Entschlusses nutzt, dann wirst du nach drei bis vier Trainingseinheiten schon Erfolge feststellen können und somit Lust haben, weiter daran zu arbeiten. Wenn aber deine Disziplin zu wünschen übrig lässt, dann werden auch die ersten Überwindungen vergebene Mühe werden. Das ist wie beim Rad fahren, nur wenn man eine Weile bergauf fährt, kann man danach eine Abfahrt genießen. Lerne deine mentalen Kräfte zu bündeln und durchzuhalten.

Wenn du schon lange kletterst, dann ist dein ganzer Körper schon mehr gewohnt, und es macht Sinn, sich auch mal mehr als ein Ziel auszusuchen und an wechselnden Trainingstagen auch unterschiedliche Schwerpunkte zu setzen. Wichtig ist dabei aber, dass du dich nicht verzettelst und dass der Spaß dabei bleibt. Wenn du deine Ziele angemessen hoch gesteckt hast, also nicht zu hoch, dann wird sich Erfolg einstellen und dich zu neuen Taten drängen.

Wettkampf

Kampf an sich ist kein guter Lehrmeister, auch wenn viele das glauben. Wenn du nur gewinnen willst, um besser zu sein als ein anderer, egal ob in deinem privaten Vergleich oder in einem wirklichen Wettkampf, dann geht eine Menge Energie verloren, weil du auf den anderen schaust. Wenn du kletterst, sollte aber alle Energie und alles Denken auf dich und das Kletterproblem gerichtet sein.

Wenn du anderen zuschaust, dann kann es sogar sein, dass du dir bei jemandem, der eigentlich schlechter klettert als du, in bestimmten Situationen noch etwas ab gucken kannst.

Wettkämpfe an sich, also Veranstaltungen, bei denen nur zu diesem Zweck bestimmte Kletterprobleme in einer vorgegebenen Zeit oder Anzahl von Versuchen geschafft werden müssen, können dir helfen, deine Disziplin und deinen Fokus zu stärken. Die Disziplin im Vorfeld läßt sich gut nutzen, da du mit gezieltem Training besser wirst und durch den Wettkampf klare Zeitvorgaben hast.

Der Fokus beim Wettkampf selber, da du durch noch so kleine Fehler beim Klettern schlechter abschneidest, ist auch ein gutes Training, wenn er sich rein auf dein Klettern bezieht und dich dazu bringt, optimal zu klettern. Wenn du merkst, dass dich das voranbringt, organisiere dich mit anderen Kletterern und mache Spaßwettkämpfe. Du kannst dies zum Beispiel in Bleau tun, indem ihr einen unbekannten Parcours in eurem Schwierigkeitsgrad geht und euch erlaubt, eine bestimmte Anzahl an Problemen auszulassen, im zweiten oder einem späteren Versuch erst zu schaffen oder mit sonstigen für euch sinnvollen "Regeln" zu klettert.

Achte aber darauf, dass es nicht zum Kampf wird. Kampf hat immer etwas mit Anspannung zu tun und genau die verbraucht unnötig Kraft. Zenklettern lebt von der Lockerheit, so wenig Kraft wie möglich zu brauchen und so direkt wie eben möglich die Kletterbewegung auszuführen. Optimal wäre es, wenn du aus dem Kletterproblem herausfallen würdest, wenn ein dicker Wassertropfen dich unerwartet erwischt. Denn dann hättest du genau so viel Kraft aufgewendet wie nötig und kein bisschen mehr.

Die durch die Wettkampfbedingungen erzeugte höhere Konzentration sollte also in deinem Kopf stattfinden und nicht zu mehr Spannung in den Muskeln führen.

Falsche Kletterpartner

Klettern soll Spaß machen, denn dann bleibst du dabei und du wirst auf Dauer die größten Fortschritte machen. Lernen durch Frust und Druck, wie es uns durch unsere Schulen und alle möglichen Menschen, die dort auch hindurch gegangen sind, immer glauben gemacht wird, stimmt nur begrenzt. Du hast aus freien Stücken laufen gelernt und auch ohne ein Wort reden zu können, hast du deine Muttersprache sprechen gelernt. Immer wieder hast du dich aufgerichtet und es versucht oder losgeplappert.

Wenn da gleich jemand eingeschritten wäre, wäre deine Motivation möglicherweise so gekippt, dass du es heute noch nicht könntest. Achte daher etwas genauer darauf, mit wem du kletterst! Vielleicht bist du mit starken EGOs zusammen, die dich nur mitnehmen, damit sie dir zeigen können, dass sie besser sind und bleiben werden, als du es bist? Oder deine Kletterpartner legen mehr Wert auf die Zigarette oder den Kaffee zwischen den Routen als darauf, was wie geklettert wird? Oder die Launigkeit deines Sicherungspartners färbt auf dich ab und verdirbt dir phasenweise die Lust am Klettern? Es gibt vieles, was zwischen Menschen passiert. Einiges davon lässt sich ansprechen und oftmals beseitigen, anderes ist so tief verwurzelt, dass es schwer ist, es zu beseitigen. Schau einfach ab und zu mal von dem Standpunkt aus, ob deine Kletterpartner dir gut tun und dich motivieren weiter zu klettern!

Schaue auch in die andere Richtung, wie du mit deinen Kletterpartnern umspringst und ob das für ihre Kletterentwicklung hilfreich ist. Auch da kannst du einiges verbessern, was auch deinen Umgang mit dir verbessern kann. Du hast ja schon mitbekommen, wie stark deine eigenen Bewertungen sich auf dein Klettern auswirken können.

Gegen die Angst

Ich würde die Angst beim Klettern in zwei Formen einteilen. Die erste ist die fühlbare, die dir bewusst ist. Mit ihr kannst du arbeiten. Wenn du zum Beispiel in einer Route Angst hast vor einem Zug oder dem Fall, dann kannst du dich dem aussetzen und andere Erfahrungen machen. Aber passe auf, dass du dich nicht selbst dabei überforderst. Die Angst an sich will dich schützen vor etwas, das du mal als unangenehm erlebt hast, oder etwas, von dem du glaubst, dass es unangenehm werden könnte. Dies ist doch durchaus positiv. Es geht dabei dann eher darum, dir selbst zu zeigen, dass die hier auftretende Angst nicht richtig ist. Stell dir ein kleines ängstliches Kind vor, dem du hilfst, gegen seine Angst anzugehen.

Das ist übrigens ein ganz normaler Vorgang. Wenn du Kinder beobachtest, die mit etwas konfrontiert werden, was ihnen Angst macht, dann werden sie nach einer Erholungsphase wieder in die Angstsituation gehen. So zum Beispiel beim Lesen eines Kinderbuches, in dem der böse Wolf vorkommt. Wieder und wieder werden sie bis an die Stelle kommen, an der der Wolf vorkommt, werden dann das Buch zuschlagen und Angst haben. Doch irgendwann kommt der Zeitpunkt, an dem sie fast keine Angst mehr haben, weil sie die Geschichte kennen. Wenn du Angst vor dem Fallen hast, oder vor Überhängen, weil man sich darin so zurücklehnen muss, dann kannst du das Buch zuschlagen. Wenn du dein

„Kletterbuch" aber in die Ecke legst und nie wieder aufschlägst, wird deine Angst für immer bleiben.

Achte darauf, dass du dich nicht selbst überforderst, denn dann kann es auch zu der zweiten Form von Angst kommen, nämlich die, die dir nicht bewusst ist. Wenn deine Angst beim Klettern mit einer sehr schmerzlichen Erfahrung aus deiner Kindheit zu tun hat, dann versucht deine Psyche dich ganz davor zu schützen. Deshalb tarnt sie die Angst und lässt dich andere Dinge glauben und fühlen, die dich von dem Angstmachenden wegbringen. Es ist nicht so einfach, dies zu erkennen und dagegen etwas zu unternehmen, aber wenn du achtsam bist, dann werden sich die Türen deines Unbewussten öffnen und dir zeigen, welche Zusammenhänge es zwischen Klettern und früheren Erfahrungen gibt. Als Körpertherapeut kann ich als Unterstützung natürlich Körpertherapie empfehlen, um Prozesse in diesem Bereich zu unterstützen. Sei achtsam mit dir, und versuche, dich auch mit deinem Angstanteil anzunehmen und trotzdem andere, die Ängste verringernde Erfahrungen zu sammeln.

Angst führt in der Regel zu Anspannung und die wiederum zu schlechterem Klettern, auch dann wenn noch nicht die Lokusstellung zu erkennen ist (Hintern raus).

Andererseits kannst du körperlich versuchen, dich mehr zu entspannen, denn das hat auch Rückwirkung auf deine Psyche. Die Angst wird dann wieder weniger, da sich Entspannung und das Gefühl von Angst nicht vertragen. Ein anderer Weg, der sehr viel Mut erfordert, ist der, die Angst anzuschauen. Damit meine ich, genau hinzuschauen, wann sie auftritt, wo und wie sie auftritt und an was sie dich erinnert. Sehr gut ist es, wenn du darüber auch mit deinem Kletterpartner reden kannst und somit dein stilles Seelenkämmerlein öffnest. Du wirst dich vielleicht wundern, wie viele andere Kletterer ähnliche Erfahrungen haben, sie aber meist nicht miteinander besprechen.

Hohe Ziele

Du hast viel vom Zenklettern gelesen und irgendetwas daran scheint dich zu fesseln, sonst hättest du das Buch schon aus den Händen gelegt. Wo willst du „klettermäßig" hin? Wenn du glaubst, binnen kurzer Zeit wesentlich besser zu werden oder gar irgendwelche Abkürzungen zu finden, dann muss ich dich enttäuschen. Es wird immer etwas geben, was du nicht klettern kannst, und es wird immer viele Menschen geben, die schlechter klettern als du. Das einzig Ziel, das beim Zenklettern Sinn macht, ist, immer in dem jetzigen Augenblick optimal zu klettern. Alle anderen Ziele schmeicheln vielleicht deinem Ego oder ermöglichen dir, einen Fortschritt zu erkennen, aber sie bringen dich immer weg vom aktuellen Augenblick. Es ist egal, ob du heute das ziehen kannst, was irgendwann einmal ging und es ist auch egal, ob du es in einigen Wochen ziehen können wirst. Wenn du hier und jetzt kletterst, kannst du dies voll und ganz tun. Überlege deshalb mit Bedacht, was für Ziele in deinem Kopf herumschwirren und ob sie dich darin unterstützen möglichst optimal zu klettern. Wozu brauchst du die Ziele? Was für einen Unterschied macht es, ob du sie erreichst oder nicht? Kletterst du anders, wenn du ein Ziel erreichst? Sollte dies der Fall sein, dann musst du an deiner Psyche arbeiten. Wenn du nach Erreichen eines Ziels besser kletterst, dann versuche diese Stimmung grundsätzlich beim Klettern zu erzeugen! Überlege, wie du was bewertest und welchen

Einfluss das auf dein Klettern hat. Dann kannst du, wenn du deine Bewertungen änderst, auch dein Klettern verbessern, ohne dauernd Ziele zu brauchen und erreichen zu müssen.

Erfolgsausruher

Mit dem Thema „Ziele" eng verknüpft ist die Erscheinung der Erfolgsausruher. Bei Menschen, die sich oft mit anderen vergleichen, tritt meiner Erfahrung nach dieses Phänomen recht häufig auf. Frei nach dem Motto, solange ich besser ziehe als Xy, bin ich gut. Also brauche ich auch nicht besser zu klettern, weil ich ja besser bin. Nach einer Trainingsphase, in der du bestimmte Kräfte oder Kletterfertigkeiten trainiert hast, macht es durchaus Sinn, wieder eine Pause einzulegen. Aber nicht, um wieder zurückzufallen und dann wieder ganz von vorne zu beginnen, sondern um dem Körper die Möglichkeit zu geben, sich wieder von der Anstrengung ganz zu erholen. Denn nur dann können über Jahre hinweg immer wieder Leistungssteigerungen erreicht werden, ohne an die Überlastungsgrenze zu kommen. Wenn du so etwas wie ein Ziel erreicht hast oder ein bestimmter Trainingsabschnitt für dich vollendet ist, nutze die Zeit nicht nur zum Entspannen, sondern auch dafür zu schauen, was sonst noch an deinem Klettern gefördert werden könnte. Fange wieder an, mit dem Klettern zu spielen und nach neuen Schwachstellen zu suchen, die du stärken kannst.

Der schwarze Gürtel

Wenn du an irgendetwas Kletterbarem zu finden bist, ausgelassen mit dir und der Schwerkraft spielst und jemand dich fragt, was du da treibst und du antwortest: „ich glaube, ich klettere" und auf seine zweite Frage wie schwer dies denn sei, erst einmal überlegen musst, was dein Gegenüber von dir will, bist wohl schon richtig nah dran am schwarzen Gürtel.

Dein Körper fließt von Griff zu Griff und von Tritt zu Tritt, die Aufmerksamkeit nimmt alles auf, was da an Informationen für das Klettern geboten wird. Wie viel Gewicht gerade wo als Belastung auftritt, wie weit du noch vom Abrutschen entfernt bist, wie viel Spannung du aufbaust und welcher Schwung wohin genutzt werden kann . . .

Und wenn dich jemand fragt: „wie machst du dass?" kann nur die Antwort aus tiefstem Herzen kommen „einfach klettern" .

Literaturempfehlungen:

grundsätzliches Klettern

"Lizenz zum Klettern" von Udo Neumann und Dale Goddard. Am besten als DVD mit tollen Filmaufnahmen, die besser als alle Fotos verdeutlichen worum es geht.

Trainingslehre

"Peak Performance" von Guido Köstermeyer, jedoch erst wer die >>Grundschule<< hinter sich hat / hat einen guten Teil mit Übungen zu muskulärer Dysbalance

oder noch theoretischer "Sportklettern, Technik- und Taktiktraining", von Guido Köstermeyer und Ferdinand Tusker

Video über das Systemtraining von Udo Neumann und Andi Hofmann

Klettertechnik

"Sportklettern" Lehrbuch von Michael Hofmann, zeigt auch durch die schönen Bildchen von Sebastian Schrank alle gängigen Klettertechniken.

"Alpinlehrplan Band 2, Felsklettern, Sportklettern"

"Sportklettern mit Kindern und Jugendlichen" von Stefan Winter

sonst noch interessant

"Sicher sicher" von Michael Hofmann

"Sicherheit und Risiko in Fels und Eis" von Pit Schubert.

und für den Spaß

Erbse Klettercomics!!!

über Zen:

Leichte Kost zum Einstieg

„Das Erdhaus" von Jeanne DuPrau.

„Zen und die Kunst ein Motorrad zu warten" von R.M. Pirsig.

„Zen und die Kunst des Essens" von Silvana Schwitzer.

„Zen in der Kunst des Jonglierens" von Dave Finnigan.

Klassiker

„Zen in der Kunst des Bogenschießens" von Eugen Herrigel.

„Zen-Geist Anfänger-Geist" von Shunryu Suzuki.

Modern und Klassiker zugleich:

„Der große ZEN-Weg"von Zensho W- Kopp

Hintergründe über Zenmeditationstechnik

„Zen-training" von Katsuki Sekida